CHATEAU-SAINT-JACQUES

A SAINT-MARCEL

(SAVOIE)

Par E.-L. BORREL

Architecte, Correspondant du Ministère de l'Instruction publique.

LECTURE FAITE A LA QUATRIÈME SESSION

DU

CONGRÈS DES SOCIÉTÉS SAVANTES SAVOISIENNES

Tenu à Moûtiers, le 8 et le 9 août 1881.

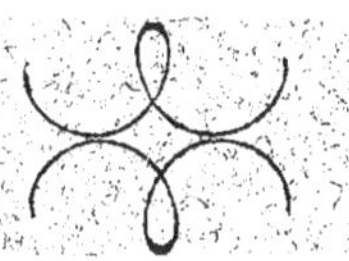

MOUTIERS

IMPRIMERIE CANE SŒURS, SUCC. DE MARC CANE

1881

CHATEAU - SAINT - JACQUES

A SAINT-MARCEL (SAVOIE).

CHATEAU-SAINT-JACQUES

A SAINT-MARCEL

(SAVOIE)

Par E.-L. BORREL

Architecte, Correspondant du Ministère de l'Instruction publique.

LECTURE FAITE A LA QUATRIÈME SESSION

DU

CONGRÈS DES SOCIÉTÉS SAVANTES SAVOISIENNES

Tenu à Moûtiers, le 8 et le 9 août 1881.

MOUTIERS

IMPRIMERIE CANE SOEURS, SUCC. DE MARC CANE

1881

CHATEAU-SAINT-JACQUES

A SAINT-MARCEL (Savoie).

Saint-Jacques, premier évêque des Ceutrons, se rendit vers 425 auprès de Gondicaire, roi des Bourguignons, pour solliciter quelques concessions territoriales dans la contrée ceutronienne. Le chef des Burgondes, après quelques hésitations, céda au prélat plusieurs terres fiscales. *Princeps in tanti beneficii gratiam ci concessit quamdam rupem prominentis saxi, quam antiquo vocabulo incolœ ipsius loci Pupim, seu rupem vocaverunt non longiùs ab Oppido Centrone distantem quam uno et sesqui milliario Villam etiam Jugontis, et Villam Geronam simul cum Villâ Herbaginâ, et Villam quœ dicitur Agarius, atque Villam Luciam cum omnibus suis appenditis, quam donationem sigillo suo corroboravit* (1).

Les évêques de la Gaule avaient employé leur influence pour atténuer les résultats de la conquête

(1) Besson, page 191

— 8 —

des Burgondes à l'égard des habitants. Clovis, pour les remercier de ce service et les intéresser à sa cause, les combla de biens et de privilèges. Ses successeurs suivirent son exemple. Les concessions de terres faites par les rois francs aux évêques et aux monastères étaient toujours accompagnées d'immunités, espèces de privilèges qui exemptaient les vastes domaines des églises de la juridiction des comtes (1). Ces privilèges investirent les prélats d'un pouvoir égal à celui des plus hauts fonctionnaires territoriaux et furent la base de leur indépendance politique.

De retour en Ceutronie, Saint-Jacques fit construire, sur le sommet du roc Pupim, une église en l'honneur du prince des Apôtres et un château fort pour se mettre, avec les siens, à l'abri des attaques des ennemis et pour y garder en sûreté les vases sacrés, les livres, les reliques des saints, les chartes, les privilèges et le trésor de son église naissante. *Servus Dei revertitur ad Oppidum centronum, et ultrà ipsum Oppidum in summitate prædictœ rupis Pupim in honorem christi et S^{ti} Principis Apostolorum....... Et quia Centronum nullis munitionibus vallabatur, excogitavit in dictà rupe, in quà construxerat ecclesiam, arcem œdificare ut hostilis incursio si quandoque ingruerat, in eodem azilo, se suosque, salvandos reciperet, prœterià suam suorumq; supellectilem, libros, sanctorumque reliquias, carthas, privi-*

(1) Malcurfi, Form. lib. I, n° 3.

legia, thesaurum ecclesia inibi securius posse custodiri, non ambigebat (1).

Ni l'histoire ni la tradition ne parlent de l'importance et du style de ce château. Nous pensons qu'il devait ressembler à ses congénères, qui tous furent une imitation de ceux élevés sous la domination romaine. Ce système de construction fut conservé jusque vers la fin du IX siècle (2).

Depuis sa première construction jusqu'à sa dernière démolition, le Château-Saint-Jacques subit de nombreuses transformations. Il eut à soutenir les redoutables assauts de ces hordes barbares qui tant de fois dévastèrent notre pays. Les canons de Henri IV ne l'épargnèrent même pas. Bien des fois il ne put résister aux attaques de ces terribles assaillants et fut démoli en totalité ou en partie. Dans chacune de ses reconstructions, on dut vraisemblablement suivre les progrès de l'art des fortifications et les développements de l'architecture. On peut donc dire que ce château, célèbre dans l'histoire ecclésiastique de la Tarentaise, a, du V au XVII siècle, période de son existence, passé par tous les styles.

Les notices historiques sur ce château sont peu nombreuses ; je vais citer chronologiquement celles que j'ai pu recueillir.

Par bulle donnée à Pavie le 6 des ides de mai 1186, l'empereur Frédéric donna à l'archevêque Aymon II,

(1) Besson, pag. 191.
(2) De Caumont, *architecture civile et militaire*.

frère d'Emeric, seigneur de Briançon, l'investiture du Château-Saint-Jacques (1).

Rodolphe, archevêque de Tarentaise, fonda une chapellenie dans le Château - Saint - Jacques par testament de 1270 (2).

Par testament des calendes d'août 1283, Saint Pierre III, archevêque de Tarentaise, légua à la chapelle de Saint-Jacques un psautier, deux vieux bréviaires et une châsse en argent contenant les reliques de Saint-Théodule. *Item textam argenteam reliquiarum sancti Theoduli relinquo ecclesiæ seu capellæ sancti Jacobi, et duos breviarios meos antiquos, qui quidem sunt in diabus partibus, et psalterium meum* (3).

L'église de Saint-Marcel possède encore actuellement des reliques de Saint-Théodule.

Aymon III, archevêque de Tarentaise, fit son testament au Château-Saint-Jacques, la veille des Nones de mars de l'année 1297 (4). Ce document indique que les archevêques de Tarentaise avaient une chambre réservée dans le Château-Saint-Jacques. *Actum apud sanctum Jacobum, castrum Tarentasiensis Ecclesiæ, in camera propriâ dicti Domini archiepiscopi.*

Une châtellenie avait été établie au Château-Saint-Jacques et un châtelain y avait été installé

(1) Besson, p. 202

(2) Besson, preuves, n° 63.

(3) Besson, preuves, n° 66.

(4) Besson, page 210.

pour y rendre la justice au nom de l'archevêque. La juridiction temporelle des archevêques de Tarentaise s'exerçait, comme celle des seigneurs féodaux, sur les lieux, les personnes et les choses.

Le traité passé entre Aymon, comte de Savoie, et Jacques de Salins, archevêque de Tarentaise, cite le nom de deux de ces châtelains : *Petrus de Salino, antea castellamus Joannem Domicelli de sancto Jacobo, familiarem dicti castellani de sancto Jacobo* (1).

Le châtelain du Château-Saint-Jacques détenait en prison un particulier malgré la défense expresse de Pierre de la Ravoire, vice-châtelain du Comte de Savoie, en Tarentaise. Celui-ci, par représailles, fit saisir un des domestiques du châtelain de l'archevêque, mais on l'enleva de force dans le trajet de Saint-Marcel à Moûtiers ; il en fit appréhender un second qui fut également arraché des mains de ses gens. Ces voies de fait réciproques engendrèrent une longue et sanglante lutte qui eut de funestes conséquences pour la capitale de la Tarentaise. Les seigneurs feudataires de l'archevêque, les habitants de Moûtiers et leurs adhérents prirent les armes contre les gens du Comte de Savoie. Ces luttes, qui avaient commencé pendant la vacance du siège en 1334, durèrent plusieurs années. Les adhérents de l'archevêque ayant été battus, ce prélat se rendit auprès d'Aymon, Comte de Savoie, et ses pressantes sollicitations de clémence ne purent obtenir que cette

____

(1) Besson, preuves, n° 84.

brutale et impérieure réponse: *aut paterontur obsidionem aut captionem alienigenarum in Civitate Musterii.*

Cependant, le Comte de Savoie ayant obtenu ce qu'il désirait, c'est-à-dire, le renversement des fortifications de Moûtiers, accorda, sur de nouvelles instances de l'archevêque Jacques de Salins, par lettres datées de Chillon le 29 janvier 1336, la grâce des personnes qui avaient combattu contre ses gens (1).

Dans la transaction passée en 1358 le 27 juin, entre Amédée, comte de Savoie, et Jean, archevêque de Tarentaise, le Château-Saint-Jacques est nommé le premier après Moûtiers entre les lieux sur lesquels s'étendait plus directement la juridiction des archevêques de Tarentaise (2).

L'archevêque Jean IV, du Beton, dina au Château le 12 mai 1367, en présence du clergé de Moûtiers et de plusieurs ecclésiastiques qui s'y étaient rendus en procession avec leurs croix (3).

Un drame sanglant, dont la cause est toujours restée un peu dans l'ombre, eut lieu dans ce château vers la fin de 1385.

« L'archevêque Rodolphe II, de Chissé, dit le marquis Costa de Beauregard (4), entreprit de réformer les mœurs scandaleuses de quelques sei-

(1) Besson, page 212.
(2) Besson, preuves, nᵒ 85.
(3) Besson, page 214, note.
(4) *Souvenir du règne d'Amédée VIII,* Mémoires de l'Académie de Savoie, seconde série, tome IV, p. 110.

gneurs de son diocèse. Ces malheureux, par une atroce vengeance, le firent assassiner avec tous ses serviteurs dans le Château-Saint-Jacques. Le bâtard de Chissé, George de Pucet, clerc et bourgeois de Salins, Jean Cérisier et quelques autres, furent suspectés d'avoir pris part au meurtre de l'archevêque ; mais leur culpabilité ne put être prouvée. Les véritables instigateurs du crime échappèrent à l'action de la loi, dont toutes les rigueurs s'appesantirent sur un nommé Pierre de Comblou, dit *reliour*. Déclaré traître et relaps par Pierre Godard, grand juge de Savoie, Comblou fut condamné à avoir les deux poignets successivement abattus, à être tenaillé, puis enfin décapité et coupé en quartiers.

La légende raconte autrement les causes de cet évènement tragique. Il existait, dit-elle, sur le territoire de la commune de Montgirod, sur la rive gauche et sur le bord de l'Isère, un peu plus bas que le village de Centron, un petit couvent élevé sur un roc, dépendant du monastère des dames de Sainte-Claire-Urbanistes de Moûtiers. Il paraît que ces religieuses s'étaient singulièrement relachées de leur règle ; leurs aspirations n'étaient plus toutes pour le ciel. Le désordre fut si grand qu'il finit par s'épandre au dehors. L'archevêque s'y transporta, fit aux sœurs les sévères remontrances qu'elles méritaient et ordonna l'observation scrupuleuse de leurs statuts. Les abords du couvent furent surveillés et les portes soigneusement gardées. Ces sages mesures contrarièrent les religieuses et surtout les notabilités qu'elles introduisaient dans leurs cellules converties en boudoirs. Une horrible et lâche vengeance fut tramée par les amis des sœurs. L'archevêque Rodolphe et son chapelain furent assassinés dans le Château - Saint - Jacques par Pierre de Comblou, domestique des Claristes, vers la fin du mois de décembre 1385.

Les détails du supplice épouvantable de ce misérable sont consignés dans les comptes des châtelains de Chambéry (1). Cet affreux martyre dura sept jours. Le 15 juin 1387, le condamné fut conduit de la prison aux fourches partibulaires de la châtellenie; elles s'élevaient alors sur la butte de Leschaux, à quelque distance de Chambéry. Maitre Joannod, *carnacerius*, lui trancha le poignet droit; ramené le 19 au lieu de l'exécution, il eut le poignet gauche abattu et fut reconduit dans son cachot. Enfin, le malheureux, étendu et garotté sur un chevalet fixé à la fatale charrette, entouré des bourreaux et de l'horrible appareil des tenailles, des réchaux et des charbons ardents, fut trainé pour la dernière fois au lieu du supplice; là, pendant plusieurs heures, l'exécuteur et ses aides tordirent et arrachèrent les lambeaux de ses chairs calcinées par les tenailles rougies, raminant avec du vin les forces du patient pour prolonger son martyre. Enfin, lorsqu'il fut expiré dans cette affreuse torture; on coupa son corps en quartiers comme le prescrivait la sentence, et sa

---

(1) *Compte du noble Boniface de Chalant, châtelain de Chambéry,* du 5 septembre 1386 au 18 janvier 1398. Archives de la Chambre des Comptes.

tête, clouée sur le billot fatal, rappela longtemps le souvenir de son crime et la barbare justice du grand juge de Savoie (1).

En exécutant des travaux dans l'église de Saint-Marcel en 1851, on trouva, dans la maçonnerie du tombeau du maitre-autel et sous son marchepied, des tombeaux en pierre contenant des ossements. Deux de ces tombeaux sont ornés, d'une croix sculptée et un sceau y a été apposé. On pense que ces tombeaux pourraient bien être ceux de l'archevêque Rodolphe et de son chapelain, lesquels auraient été transportés de la chapelle du Château-Saint-Jacques, après sa démolition, dans l'église de Saint-Marcel. Les ossements ont été recueillis et renfermés dans une boite placée dans un creux de la maçonnerie de l'autel du Rosaire, accompagnés d'une chevelure (2).

Si ces tombeaux, qui n'ont pas été déplacés, venaient à être découverts de nouveau, l'étude des sceaux ferait certainement connaitre les personnes dont les restes y ont été déposés.

Le 11 mai 1436, le chapitre de Moûtiers remettait les clefs du Château-Saint-Jacques à Marc de Gondelmeriis, vénitien, de la famille du pape Eugène IV, qui venait d'être nommé archevêque de Tarentaise (3).

A la suite de l'invasion de la Savoie par Henri IV, Lesdiguières entra en Tarentaise l'an 1600. Le

(2) Costa de Beauregard, *Ibid*, p. 110 et 111.

(1) *Note* de l'abbé Chavoutier, archives de St-Marcel.

(2) Besson, p. 216.

capitaine italien Rosso, bien servi par le patriotisme
des Tarins, défendit le col d'Aigueblanche, n'évacua
le Château-Saint-Jacques qu'au troisième assaut et
lutta pied à pied sur la route du Petit-Saint-Bernard.
Lesdiguières, *irrité qu'on osât tenir devant lui*,
se vengea en soldat brutal ; il incendia les châteaux
et brûla les archives (1). Selon la tradition, celles du
Château-Saint-Jacques auraient été transportées au
château de Vizille (Isère). Malgré sa rage de destruction, Lesdiguières avait cependant fait respecter à
ses soldats la chapelle et le palais archiépiscopal
bâtis sur la pointe la plus élevée du roc Pupim.

En 1615, pendant que l'archevêque Germonio
accomplissait à l'étranger une mission que lui avait
donné le duc Charles-Emmanuel Ier, on lui fit savoir
que l'on démolissait les restes des fortifications, la
chapelle et le palais. Cette nouvelle lui causa une
grande affliction, parce qu'il avait l'intention de
relever à ses frais ce château-fort, moins vénérable
par les ans que parce qu'il avait été le premier asile
de la religion chrétienne et du saint pontife qui avait
porté la foi chez les Ceutrons. Aussi protesta-t-il
contre ces démolitions qu'il regardait comme injustes
et attentatives à ses droits. Quelques auteurs,
Bonnefoy entre-autres, disent que le duc Charles
Emmanuel Ier, considérant cette place forte comme
contraire à ses intérêts politiques, pria l'archevêque
de laisser abattre ce qui restait des murs d'enceinte,
ainsi que la chapelle et le palais archiépiscopal,

---

(1) De Saint-Genix, *Histoire de Savoie*, tome II, p. 218.

et que sa demande fut exécutée vers le mois d'octobre 1615. Cette assertion n'est prs prouvée. On voit bien dans la 13me lettre de Germonio à son clergé, datée de Nice le 2 avril 1615 (1), qu'on lui a parlé de ce désir du duc, mais rien dans la conversation qu'a eue l'archevêque avec le fils de Charles-Emmanuel à ce sujet, et qui est relatée dans la lettre précitée, ne confirme l'exécution ni même la résolution définitive de ces démolitions. Charles-Emmanuel aura probablement fait taire ses désirs devant les justes réclamations et les prières de Germonio, et le temps seul aura consommé l'œuvre de destruction commencée par Lesdiguières.

Le roc Pupin est situé sur le territoire de la commune de Saint-Marcel, un peu en avant du détroit du Saix, entre l'Isère et la route nationale. L'Isère baigne sa base au levant et en grande partie au nord. Le Château-Saint-Jacques et les travaux avancés qui le défendaient occupaient toute la partie supérieure du mont. Il était composé de deux parties principales : une basse-cour et une seconde enceinte. La basse-cour, ou première enceinte, se composait de tous les travaux et de toutes les constructions situés entre le premier mur et le bord du plateau qui couronne le roc. Sur ce plateau, point culminant du mont qui est à 666 mètres au-dessus du niveau de la mer, étaient élevés

____

(1) Guichenon, t. II, p. 347 ; Bonnefoy, *Vie d'Anastase Germonio*, p. 113 ; 13me *Lettre de Germonio à son clergé*, liv. 1er ; *Acta eccl. Tarent.* lib. III. p. 349.

le donjon et d'autres habitations à l'usage des archevêques.

Les courtines défendaient l'entrée de la basse-cour. Ces murs, par leur épaisseur, leur hauteur et leur bonne construction pouvaient affronter de longues et violentes attaques. Dans leur plus grande élévation au-dessus du sol, qui était de 6,00, non compris le parapet, ils mesuraient 2,20 de largeur à la base et 0,90 au sommet. Leur parement extérieur présentait un fruit de 0,20 par mètre. Ils étaient composés de blocages maçonnés à la chaux avec revêtement de moellons. Pour donner à ces murs une plus grande résistance et une plus grande largeur afin d'établir un double chemin de ronde à leur sommet, on avait construit et appuyé contre leur parement intérieur, de trois mètres en trois mètres dans œuvre, de courts contre-forts, reliés par des voûtes à tiers points (1), ce qui donnait aux courtines une largeur totale de 5,00 à la base et de 3,70 au couronnement. Cette dernière largeur comportait un parapet de 0,50 d'épaisseur, un premier chemin de ronde de 2,00 de largeur et un second de 1,20 en contre-bas du premier de 1,20 ; ils étaient tous les deux dallés.

Depuis la moitié du VIIIe siècle jusqu'au commencement du XIIe, les chemins de ronde des remparts étaient mis en communication directe avec le terre-plein intérieur au moyen d'emmarchements assez

(1) Les courtines d'Antioche, en Syrie, étaient construites de la même manière, A. De Rochas, *Principes de la fortification antique.*

rapprochés. A partir du XIIᵉ siècle, on ne pouvait généralement circuler sur les chemins de ronde qu'en passant par les tours et les escaliers qui desservaient leurs étages (1). A Saint-Marcel, la déclivité du sol est tellement forte, que sur plusieurs points le terrain, à l'intérieur, était presque au niveau du chemin de ronde; on pouvait donc, dans ces endroits, se passer d'escaliers pour y arriver. Les parapets étaient crénelés. Les merlons étaient placés sur les parements extérieurs des murailles; ils avaient à peu près 2,00 de hauteur afin de pouvoir garantir les défenseurs. Les appuis des créneaux devaient être à 1,00 du sol du chemin de ronde. Les merlons étaient bâtis en pierre de taille aux angles et en moellons smillés; nous en avons trouvé des débris; ils étaient percés de meurtrières pour le tirage de l'arquebuse. Tout le crénelage était à découvert.

Un chemin pratiqué sur une partie du flanc ouest du coteau, à quelques mètres en aval des courtines, et dont on voit encore l'assiette, conduisait à la porte pratiquée dans le mur d'enceinte.

Dans la basse-cour, existent encore les soubassements de deux constructions appuyées contre les murs d'enceinte, qui devaient être les demeures des gardes du château. L'une de ces habitations contenait un four encore intact aujourd'hui. Il existait certainement dans la basse-cour d'autres construc-

(1) Viollet-le-Duc, *Dictionnaire d'architecture.*

tions pour l'habitation des soldats, mais il n'en reste aucune trace.

La seconde enceinte, protégée par des murs à l'est et au nord, et défendue naturellement par le roc très escarpé au couchant et par le donjon au midi, renfermait plusieurs constructions dont les dispositions, les débris et la tradition nous ont révélé l'usage.

Toutes ces habitations ayant été rasées, les broussailles et les ronces en cachaient les ruines.

Au printemps de l'année 1880, je commençai des fouilles sur le plateau supérieur, dans l'intention de trouver les fondations du château. Après quelques jours de travail, M. l'abbé Guillot, curé de Saint-Marcel, qui assistait aux fouilles, voyant qu'elles seraient longues et coûteuses, eut l'excellente pensée de faire appel à la bonne volonté des habitants. Après leur avoir expliqué l'intérêt qu'avait la commune, au point de vue historique, à continuer les fouilles commencées, il les pria de vouloir bien fournir chacun quelques journées de travail. Il alla de maison en maison recruter les travailleurs; il organisa l'emploi de leur journée et il les encouragea à l'ouvrage, la pioche à la main. Cent seize journées, compris celles de M. le curé, qui sont les plus nombreuses, furent employées presque gratuitement. Je prie M. le curé et toutes les personnes de Saint-Marcel qui ont fourni leurs bras pour ce travail, de vouloir bien recevoir mes remerciements et le témoignage public de ma reconnaissance.

Ces fouilles ont mis au jour les fondations de

plusieurs constructions. Le donjon élevé sur le point culminant, avait 8,90 sur 7,40 hors d'œuvre ; il reste aujourd'hui l'étage souterrain, qui a été creusé à la pointe dans le roc de nature calcaire. Sa hauteur était de 2,80. On voit encore les trous des solives des plafonds. On y arrivait par un escalier qui prenait naissance à l'extérieur, au niveau du sol, et dont l'entrée devait être fermée par une trappe en pierre couverte de terre. Il était éclairé par deux petites fenêtres percées en grande partie dans le roc. Primitivement, la communication des étages devait avoir lieu, selon l'habitude de cette époque, au moyen d'escaliers ou d'échelles intérieurs. Plus tard, on construisit un escalier à vis, conduisant à chaque étage du donjon. Le tracé des marches à noyau y est encore apparent.

La chapelle devait être attenante au donjon. La tradition lui assigne cet emplacement. On y pénétrait, de l'extérieur, par la cage de l'escalier. Les personnes qui habitaient le donjon pouvaient y arriver également par la porte de cette tour donnant dans l'escalier. La contiguïté de la chapelle avec le donjon nous fait penser que la chambre réservée aux archevêques, mentionnée dans le testament d'Aymon III, dont nous avons donné la date ci-devant, pouvait bien être située au rez-de-chaussée du donjon.

Sur l'emplacement situé au levant de la chapelle, dont il reste les soubassements de trois des quatre murs, le dallage de l'aire et les marches en pierre par lesquelles on descendait au rez-de-chaussée, pourrait bien avoir été élevée l'habitation du chapelain. Cette hypothèse nous est suggérée par la baie de porte qui fut pratiquée dans le mur qui séparait cette pièce de la chapelle.

Le terrain qui précède ces constructions au levant, et qui fut clos de murs, a du servir de cimetière pendant un certain temps, car nous y avons trouvé un petit tombeau formé de plusieurs pierres taillées, des ossements, des clous et des débris de planches.

Une construction, en partie apparente avant les fouilles, était désignée sous le nom de *citerne*. Après son déblaiement, nous avons reconnu l'exactitude de cette dénomination. La voûte en berceau, dont les impostes existent encore, et les revêtements des murs étaient construits en petits moellons d'appareil en tuf calcaire. Le fond, bien conservé, est fait en forme de pyramide quadrangulaire renversée et tronquée. On y avait pratiqué un trou et un petit conduit pour l'écoulement des eaux lorsqu'on la nettoyait. Tous les parements intérieurs étaient revêtus d'une espèce de ciment rougeâtre lissé, très dur, composé de tuiles pilées et de chaux.

Le mode de construction de la fontaine bien connue, dite de *Saint-Jacques*, est exactement le même que celui de la citerne.

Il a dû nécessairement exister, sur le sommet du roc, d'autres constructions que celles dont nous avons trouvé les fondations. La maison des archevêques était nombreuse. Tout le plateau a dû être couvert par le monument principal que les documents appellent le *palais archiépiscopal*. Malgré les fouilles générales que nous y avons opérées, nous n'y avons trouvé que les traces de quelques murs peu importants. Parmi les divers objets que les fouilles ont mis à découvert, je citerai spécialement une meurtrière formée de deux pierres de taille, qui fut très probablement placée dans une des embrasures du donjon, pour battre les dehors par un tir rasant ou plongeant. Cette meurtrière se compose d'un trou rond de 0,10 de diamètre pour passer la gueule du mousquet ou de l'arquebuse, avec une échancrure au-dessus pour permettre le tir plongeant.

Une pierre sur laquelle sont sculptées les armes royales de France, gît un peu au-dessus des bords de l'Isère, dans le ravin situé au levant du roc Pupim. L'écusson, supporté par deux anges, porte trois fleurs de lis et est entouré d'un collier formé de lacs d'amour, au bas duquel est suspendu un médaillon. L'endroit où elle est permet de supposer qu'elle a dû être placée au-dessus de la porte pratiquée dans le mur d'enceinte après la conquête de Henri IV.

J'ai trouvé sur le versant sud du roc Pupim, un évier en pierre, indiquant l'existence d'une cuisine non loin du donjon.

Je possède, depuis plusieurs années, un des boulets de Lesdiguières, de 0,15 de diamètre, pesant 15 kilogrammes, qui a servi au bombardement du château, et qui a été trouvé dans l'escarpement du roc, par un paysan.

La meurtrière décrite ci-devant, les parties encore existantes des piédroits de plusieurs portes, l'entourage en pierre de taille de la baie de la fenêtre de la

sacristie et plusieurs fragments taillés gisant dans le
ravin, employés dans la construction des murs de
plusieurs maisons de Saint-Marcel ou trouvés dans
les fouilles, indiquent que le Château-Saint-Jacques,
rasé sous le règne de Henri IV, avait été reconstruit
vers la fin du xve siècle.

Abrégé de l'extrait du compte de noble Boniface de Chalant, châtelain de Chambéry, du 5 septembre 1386 au 18 janvier 1389.

Payé pour les dépenses de maitre Johannod, bourreau, et de son aide pour 11 jours, échus le 24 juin, de séjour à Chambéry, pour l'exécution de Pierre de Comblou, qui a assassiné l'archevêque Rodolphe de Chissé et toute sa maison, dans le château de Saint-Jacques, à raison de 4 deniers par jour. . . .   3 sols 8 den. gr.

Payé pour les dépenses de maitre Galtier, bourreau, pour 37 jours, échus le 24 juillet, pendant lesquels il séjourna à Chambéry pour aider le précédent dans la susdite exécution, à raison de 1 den. par jour. . . .   3 sols 1 den. gr.

Payé le 5 juin 1387 pour un chêne acheté de Durand Montel, de Chambéry-le-Vieux, pour en faire une colonne destinée à recevoir les mains et la tête du supplicié. . . . .   10 den. gr.

Item, pour achat d'une paire de gants pour le dit Galtier	1 den. gr.

Item, pour achat d'une double courroie et d'une corde pour lier et pendre Jean Choudet, pour le tout .	2 den. gr.

Item, payé à Pierre Laborier, charpentier, pour fourniture d'un nouveau billot de bonne souche de chêne sur lequel on coupe la tête et les membres des malfaiteurs, 2 deniers ; pour la corde nécessaire pour le dresser 1 denier et 1/2 denier pour les crochets qu'on y a fixés . . . .

Item, payé 1 den. 1 obol gr. aux hommes qui ont aidé le susdit Pierre à placer le billot au lieu dit au-dessus de la maladière de Chambéry.

Item, payé à Pierre Rossillon pour un fer neuf placé au dit billot.	18 den. gr.

Item, payé à Villielme Debochet, Durand et Jean de Chevelu, pour port du billot.	6 den. gr.

Item, payé à Jean de

Genève et à Mathieu de
Pierre Château, charpentier,
pour façon et pose du billot,
2 den. et 1 obol. gr. chacun
et 2 den. et 1 obol. gr. pour
les dépenses de leurs cinq
aides . . . .   7 den. 1 obol. gr.

Item, payé à Pierre Bran-
che, maréchal, de Maché,
pour les trois crochets desti-
nés à recevoir les mains et
la tête du supplicié . . .   2 den. 1 obol. gr.

Item, à Girard Chambon,
chevrons pour faire une
échelle . . . .   2 den. 1 obol. gr.

Item, à Jean de Genève
pour la façon de l'échelle .   2 den. 1 obol. gr.

Item, à Girard Chambon
pour fourniture du bois nécessaire pour l'échafaud sur
lequel on devait placer l'assassin . . . .   7 den. gr.

Item, au même pour four-
niture de bois pour les mar-
ches de l'échafaud. . . .   6 den. 1/4.

Item, à Louise, femme
Pramond, pour fourniture de
7 poteaux pour l'échafaud .   7 den. gr.

Item, payé à Guigues de
Chaux et à Jacquemet Per-
renet, bouviers, pour port

de ces fournitures depuis
Chambéry-le-Vieux . . .   3 den. et 1/2 quart gr.

Item, à Simond Sarrazin
pour fourniture de 18 crochets et 2 douzaines de gros
clous pour la construction
de l'échafaud . . . . .   4 den. 3/4 gr.

Item, aux charpentiers
Jean Boudinet et Jean de
Genève pour trois journées
employées à confectionner
l'échafaud et les gradins, (à
raison de 2 den. et 1 obole
pour chacun) . . . . .   15 den. gr.

Item, à leurs aides Aimon
Ravoire, Jean Bertellet,
Pierre Ravoire pour une
journée (à raison de 1 den.
et 1 ob. gr. pour chacun) .   6 den. gr.

Item, le samedi 15 juin,
à Simondine, Sarrazin pour
deux crochets fixés au chariot
sur lequel fut placé le dit
Pierre de Comblou, ce jour
là même qu'on lui coupa le
poignet droit . . . . .   1 ob. gr.

Item, le même jour pour
achat d'une corde pour lier
le patient sur le chariot . .   1 den. gr.

Item, le mercredi 19 juin,
pour achat d'un poteau pour

en faire un siège sur lequel fut placé le dit Pierre de Comblou sur le chariot qui le conduisit aux fourches ce jour même où on lui coupa le poignet gauche. . . .   1 den. gr.

Item, payé à Simond Sarrazin, deux douzaines de clous employés au chariot .   3/3 gr.

Item, payé pour la corde qui attachait ce jour là l'assassin. . . . .   3/4 gr.

Item, le 22 juin, à Girard Chambon pour fourniture d'un chevron pour faire un chevalet sur lequel on plaça Pierre de Comblou qui fut tenaillé ce jour là . . . .   2 den. 1 ob. gr.

Item, pour une douzaine de clous . . . .   1 den. 1 ob. gr.

Item, pour la confection de ce chevalet . . . . .   2 den. 1 ob. gr.

Item, pour quatre courroies destinées à suspendre les quatre quartiers du corps de Pierre de Comblou . .   2 den. 1/4 gr.

Item, pour achat de deux paires de tenailles de fer dont il fut tenaillé. . . .   9 den. gr.

Item, pour achat du réchaud dans lequel on fit

chauffer les tenailles .   .   .   9 den. gr.

Item, pour achat du glaive
avec lequel le bourreau coupa
et divisa les membres du
supplicié en quatre quartiers.   1 ob. gr.

Item, pour achat d'une
bouteille de vin pour donner
à boire au patient .   .   .   .   2 den. gr.

Item, pour achat de la
corde qui fixait l'échelle à la
colonne sur laquelle fut atta-
chée la tête du coupable.   .   3/4 gr.

Pour achat de deux sacs
de charbon pour chauffer
les tenailles.   .   .   .   .   .   3/4 gr.

Le tout s'élève à 16 sols 3 den. gr.

Extrait du Compte-Rendu.